FLORES VIOLETAS

ExLibric

SONIA SALIO

FLORES VIOLETAS

EXLIBRIC

ANTEQUERA 2020

FLORES VIOLETAS
© Sonia Salio
Diseño de portada: Dpto. de Diseño Gráfico Exlibric

Iª edición

© ExLibric, 2020.

Editado por: ExLibric
c/ Cueva de Viera, 2, Local 3
Centro Negocios CADI
29200 Antequera (Málaga)
Teléfono: 952 70 60 04
Fax: 952 84 55 03
Correo electrónico: exlibric@exlibric.com
Internet: www.exlibric.com

ISBN: 978-84-18912-80-1

Nota de la editorial: ExLibric pertenece a Innovación y Cualificación S. L.

SONIA SALIO

FLORES VIOLETAS

A todas aquellas mujeres valientes
que decidieron abrir sus corazones

«Al final del día podemos soportar mucho más de lo que creemos».

Frida Kahlo

Prólogo

Este libro es un grito de ayuda que lanzo en boca de seis mujeres maravillosas que lo único que quieren es cambiar esta situación. La idea de este libro surgió en 2016, cuando empecé a entender que gente cercana comenzaba a tener problemas que les consumían como personas. Fue en ese punto cuando decidí que tenía que hacer algo para cambiarlo. Como siempre me ha gustado escribir, decidí empezar a hacerlo y documentar todas sus historias con la mayor exactitud posible e intentando empatizar con cada una de ellas para poder tratar de la forma más exacta cada una de sus historias.

El fin de este libro no es más que concienciar y ayudar, además de ser una forma de desahogo para estas flores. Y sí, digo flores, pues estas tienen muchos símbolos, pero esto mejor me lo quedo para mí. Simplemente quiero que la gente que lo lea pueda sacar sus conclusiones sobre el porqué.

Mucha gente a día de hoy se sorprende cuando digo que este libro empecé a escribirlo con diecisiete años y que la idea la tenía desde los quince. Es bastante difícil que una niña con quince, en vez de centrarse en lo típico de la edad (estudios, amigos, algún problema leve), ya empezara a ver la cara más oscura de la sociedad y a intentar reivindicar. Tal vez fuese porque todo esto lo tenía muy cerca o simplemente porque siempre he sido bastante avanzada para mi edad.

Aquí comienza este pequeño viaje lleno de sentimientos y tristeza, pero sobre todo repleto de valentía. Muchas veces nos planteamos hasta dónde podemos llegar y qué podemos aguantar, pasamos momentos muy difíciles e incluso llegamos a mentalizarnos de que tal vez no hay nada más allá. Por eso estas maravillosas flores han decidido alzar sus voces con el fin de denunciar todas estas injusticias y dar esperanza y amor. Cada una de estas flores está llena de historias que puede que te ayuden a reflexionar o incluso a salir si la tuya es parecida.

Hoy en día no paramos de recibir noticias donde, por desgracia, la mujer es la que más paga: acoso, violaciones, maltrato… Me sigo preguntando si ya incluso se ve como algo normal. Indagando por redes sociales me he dado cuenta de que la gente no abre los ojos hasta que de verdad no vive algo así o lo tiene muy cerca. Por eso vengo a contaros con detalle y delicadeza un poquito de todo aquello que a lo mejor no veis o desconocéis.

Este pequeño libro está dividido en tres partes. En la primera os relato el sentimiento de ser acosada y violada; la segunda, como dice Pamela Palenciano, viene a demostrar que «no solo los golpes duelen», y la última narra hasta dónde puede llegar esta situación.

Espero que cada vez que leáis una de estas historias simplemente abráis los ojos, pues tal vez fuera encontréis flores como estas, que simplemente necesitan que las ayudéis a teñirse de violeta.

Capítulo 1

Flores del amor propio y la superación

Azafrán

¿Alguna vez habéis sentido miedo? Pero no el que te pueden causar las películas de terror, sino miedo de salir de casa.

Mi historia comienza con diez años. Quién lo diría. Tan solo siendo una niña fui capaz de sentir los pequeños ápices de oscuridad que derrocha la sociedad. Seguramente no sepáis a qué me refiero o simplemente os estaréis preguntando qué me pudo pasar para pensar así.

Nos remontaremos a 2010. Por aquella época yo tendría unos diez años y me había ido con mis padres, unos amigos suyos y su hija a la terraza de un bar de un hotel a tomar algo. Todo iba bien. Me acuerdo de que llevaba un vestido negro con un lacito a la espalda, del cual no recuerdo muy bien su color. Entre risas mi amiga me pidió que la acompañase al baño, que estaba dentro. Teníamos que atravesar el bar y un salón para llegar. No vi ningún peligro; iba con mi amiga y en el bar solo había dos hombres sentados en la barra, así que nos adentramos. Comencé a notar como esos dos hombres no nos quitaban la mirada de encima y pensé que les sorprendería ver a dos niñas en un bar. En resumidas cuentas, no le di importancia. Al regresar del baño volvimos a atravesar el bar, en el cual seguían sentados estos dos hombres, pero esta vez no se limitaron a mirarnos, sino que mientras uno se relamía los labios el otro nos silbaba. Estaba realmente asustada, aunque no entendía por qué ni lo que estaba pasando.

Cuando salimos a la terraza me di cuenta de que en el baño se me había olvidado mi pulsera y sin pensarlo entré corriendo, me dirigí al baño y la cogí, pero la sorpresa vino cuando al abrir la puerta me encontré a esos dos hombres en la barandilla. Solo tenía dos opciones: quedarme sentada en el baño y salir con alguien o echar a correr. Por impulso hice lo segundo y estos hombres me siguieron por detrás, diciéndome: «Guapa, no te vayas». Cuando llegué donde estaban mis padres les conté lo sucedido. Mi padre fue a encararlos, pero ya no estaban. Él pensó que me lo había inventado, pero siempre recordaré esas miradas que me echaban cada vez que pasaba por delante de ellos.

Esta no fue la única vez que sufrí este tipo de acoso. Dos años más tarde había quedado con una amiga para dar una vuelta. Estuvimos hablando, comiendo pipas… No sé, como cualquier adolescente de la época. Ya llegaba la hora de ir a casa, así que, como siempre, fuimos hasta el punto medio entre las dos casas, pero en el trayecto un grupo de chicos nos siguió. Nos estuvieron gritando y silbando. Yo quería insultarles, pero mi amiga me detuvo. Me dijo que no valía la pena y que podríamos agravar la situación. Cuando llegamos al punto intermedio nos despedimos y cada una se fue por su camino.

Una vez llegué a mi calle, unos hombres se levantaron y empezaron a gritarme: «Oye, guapa, ven a pasar un buen rato». Cuando levanté la mirada para fijarme bien en quiénes eran me percaté de que se trataba de unos hombres de entre cincuenta y sesenta años y, sobre todo, de que estaban borrachos. Tras ver esto mi único impulso fue correr a mi casa, llorando y con miedo. Por suerte, mis padres no estaban y no tuve que darles explicaciones del porqué de mis ojos hinchados y mis lágrimas.

Después de todo esto empecé a tener realmente miedo de salir a la calle, seguramente por mi ignorancia y mi cobardía. Creo que pasaron tres años hasta que me volví a atrever a salir sola. Como siempre, al principio todo iba bien, pero un día volvió a pasar. Estaba en el tren con dirección a Alcalá de Henares con el fin de ir a comprar una nueva expansión de *Los Sims 4*, que acababa de salir. Para llegar al centro comercial había que pasar por debajo de una especie de puente por donde pasaban coches y entonces ocurrió. Escuché el sonido de un claxon y a un hombre gritándome: «Puta». Lo primero que pensé fue: «Otra vez no». No le di mayor importancia. Fui a la tienda, conseguí la expansión que quería y me fui otra vez al tren. En realidad todo fue muy rápido, pero cuando tuve que cruzar me encontré con dos hombres de unos setenta años mirándome. No fue hasta que uno hizo el típico gesto de comer el coño (creo que me entendéis) cuando, más que miedo, empecé a tener repulsión y ganas de vomitar. El simple hecho de que esos hombres pudiesen tener nietos de mi edad me horrorizaba.

Cuando llegué a casa lo primero que hice fue contarles lo sucedido a mi novio y a dos amigas. Cada uno reaccionó de una forma totalmente diferente. Mi novio lo hizo de forma protectora, preguntándome si estaba bien, si me había pasado algo. Una de mis amigas sintió, al igual que yo, repugnancia e incluso ira por lo cobarde que fue el que me pitó y me gritó y no fue capaz de decírmelo a la cara; pero la peor reacción fue la de la segunda amiga, ya que lo primero que me preguntó fue que cómo iba vestida. Al oír esto me quedé un poco ida, por decirlo de alguna forma, ya que en cierta parte me estaba echando a mí la culpa de lo que había pasado. Creo que en ese momento fue cuando reaccioné y me di cuenta de que yo no tenía absolutamente nada de culpa y fue cuando verdaderamente descubrí qué era el feminismo, ya que me puse a mirar en foros experiencias parecidas a las mías y decidí leer e informarme.

De un día para otro, poco a poco, fui dándome cuenta de las cosas y de cómo tenía que reaccionar a estas situaciones, pero por mucho que leyese y me informase no me prepararon para lo que me sucedió después. Pero sí es verdad que gracias al feminismo dejé de sentirme sola, empecé a limpiarme de los estereotipos que nos contaminan y a luchar.

Cuando pasó un año después de la última vez, me fui con una amiga a un centro comercial a comprar algunas cosas para los cumpleaños que se aproximaban. Fue una tarde genial. Nos dirigimos de nuevo al tren y en este camino nos encontramos con un hombre que no paraba de seguirnos y de gritarnos cosas como «putas» o «zorras». Lo de siempre. Yo lo ignoré completamente, pero mi amiga no y no hizo otra cosa que insultarle. El hombre salió del coche y vino corriendo hacia nosotras, así que hicimos lo que los instintos nos indicaron: huir lo más lejos que pudimos. Nos metimos entre hierbas, matojos... hasta que nos encontramos contra un muro. Mi amiga estaba llorando y escuchábamos cómo ese hombre se acercaba cada vez más a donde estábamos. La presioné, la obligué a subir encima de mí y trepar el muro, mientras que lo único que yo pude hacer fue esconderme entre unos rosales y pensar qué hacer. Tenía miedo, estaba agobiada y no sabía exactamente qué hacer, así que solo esperé a que se fuese. Mientras, escuchaba cómo nos buscaba y gritaba que sabía que estábamos por ahí escondidas. Una vez se alejó, salí de los rosales y fui corriendo con mi amiga, que me esperaba al otro lado, y seguimos corriendo hasta llegar a la estación. Mientras cogíamos los tiques, vimos como el hombre volvía, así que por inercia, al ver que nos observaba y aceleraba el paso, saltamos los tornos. El guardia, al ver la situación, detuvo al hombre que nos seguía y su compañero nos acompañó hasta que llegó el tren.

He vivido tantas experiencias sobre acoso callejero que en verdad podría relatar un libro solo con ellas. Una de las últimas experiencias que tuve fue en las fiestas de mi pueblo, en Guadalajara, cuando un hombre intentó violarme. Como cualquier persona, decidí por la tarde salir con mis amigos. Lo estábamos pasando genial, pero mis dos amigos, Sergio y Jorge, decidieron ir a comprar bebida mientras María y yo esperábamos. Transcurría el tiempo y dos chicos de unos veinte años se acercaron. Nos dijeron que éramos muy guapas y que si queríamos pasar el rato con ellos. Con mucho tacto por lo que pudiese pasar, les dije que nuestros novios nos esperaban y se iban a empezar a preocupar si no nos dábamos prisa en volver. Uno de estos hombres se me encaró, me agarró por el cuello y me arrastró. Lo peor es que nadie dijo ni hizo nada. Me tiró en el suelo, comenzó a lamerme la cara y a llamarme puta. En ese momento no sabía cómo reaccionar, pero gracias a Dios mi amigo Sergio llegó a tiempo y se encaró con el hombre, le comenzó a pegar y yo salí corriendo y llorando. Mis amigos trataron de calmarme y decidieron acompañarme a casa. Lo más doloroso de todo fue que dos borrachos se cargaron nuestra salida y el hecho de que necesitase la ayuda de Sergio para poder zafarme.

Sé que no van a ser las únicas experiencias que voy a tener de este calibre, pero también sé que no hay que tener miedo, que hay que arriesgarse y aprender para saber cómo actuar y ser cada vez más fuertes.

Lirio

Gracias a Sonia hoy puedo contar mi pequeño relato para intentar ayudar o mostrar la cruda realidad que tuve que vivir. Para ello os voy a narrar mi historia.

Era verano de 2015 y tuve mi primer novio. Era un chico guapo y muy cariñoso conmigo. En ningún momento pensé que podría hacerme daño.

Nuestra relación iba bien. Yo tenía dieciséis y él tenía unos diecisiete. Un día mis padres se fueron de viaje y me dejaban la casa sola durante todo el fin de semana, así que, como cualquiera haría, le invité a casa. Así podría hacerme compañía y no me sentiría tan sola. Preparé una buena cena, cogí un par de películas y me dispuse a esperar su llegada. Sonó el timbre; le invité a entrar, le abracé y le di un beso. La noche iba muy bien y nada más terminar de cenar continuamos besándonos, le quité la camiseta y él a mí la mía. En ningún momento tuve la intención de llegar a más que besos, así que cuando vi que él intentaba quitarme la ropa interior le paré. Le expliqué que no estaba preparada, pues nunca había tenido relaciones y quería esperar el momento indicado. Él, con muy buen carácter, me dio un beso en la mejilla y me dijo que no pasaba nada. En verdad pensé que era un buen chico, pues había respetado mi decisión.

Pasó una semana. Llegaba ya su cumple y decidió montar una fiesta en casa con todos, puesto que sus padres tenían que viajar al extranjero. Todo iba genial. Le acompañé a comprar los platos, la comida, la bebida y a preparar todo. Realmente se le veía muy ilusionado. Llegaba la hora de la fiesta. Me arreglé en su baño y bajé con todos.

Fue una noche llena de risas. Bebimos, comimos… Fue increíble hasta que yo, consumida por el alcohol, decidí acostarme en el sillón del sofá y me dormí. Empecé a escuchar pasos; no me interesé, ya que, al ser tantos, muchos decidirían volver a sus casas en vez de dormir allí hasta la mañana siguiente. Seguí durmiendo, pero noté susurros y un grupo de chicos entrando en mi habitación. Eran amigos de mi novio. Me incorporé y les pregunté qué hacían ahí, si necesitaban algo. Ellos simplemente me miraban y poco a poco empezaron a acercarse a mí. Con miedo les pedí que parasen y les dije que no me hacía nada de gracia esa situación, pero no me hicieron nada de caso y continuaron acercándose. Me levanté rápido y como pude intenté salir de esa habitación, pero uno de ellos se puso en medio y no pude salir. Comencé a chillar, esperando que mi novio subiera; mientras tanto, ellos me cogieron, me tiraron de nuevo al sillón y me miraron como si fuese «carne fresca». No paraba de llorar; me sentía paralizada. De repente entró él, les echó y cuando todos estaban fuera le escuché decir: «Esta no la comparto, que nunca ha follado». Me quedé de piedra. Vi como aquel al que consideraba mi novio iba a intentar forzarme. Comencé a correr por todo el salón como pude, lanzándole cosas y buscando una salida, pero no encontraba nada. De repente él llamó a sus amigos, los cuales me agarraron y me sujetaron. En ese momento solo podía llorar y dejar que todo pasara, pues eran cuatro y no podía hacer nada más que tomar una pose sumisa. Me rompió la ropa, se desnudó y comenzó a lamerme la cara y a decirme que a él no se le dice que no y que esta situación había sido culpa mía por negarme. Así fue como mi novio me violó y me dejó ahí, tirada. Todo acabó. Sentí no solo dolor físico, pues no tuvo cuidado y me dañó, sino también un sentimiento de asco y de querer morirme, pues mi dignidad había desaparecido. Decidí vestirme e ir con una amiga; no quería contar nada, solo llorar, y sabía que ella me ayudaría. No me hizo preguntas, pero al ver cómo estaba supo en seguida que me pasaba algo. Cuando tuve valor de contárselo, ella simplemente me dijo que lo primero de todo era que fuese fuerte y acudiera al médico, pues seguramente me podría pasar algo. Ella me acompañó a comprar la pastilla del día después, porque aún no estaba preparada para ir a ningún lado. Pasé esa noche con ella y al día siguiente me convenció para ir al médico y activar así el protocolo de violación.

La parte más difícil fue rememorar todo para poner la denuncia, una denuncia que acabó siendo para los jueces abuso y no violación, por lo que aquellos chicos no fueron castigados de forma justa.

Con toda mi historia quiero daros el valor para que denunciéis, no os calléis y mucho menos os avergoncéis. Yo tardé mucho en volver a estar bien, pero a día de hoy tengo una nueva pareja, que de verdad me quiere y que nunca me haría daño. No es el final, es el principio para cambiar las injusticias y castigar de verdad a quien se lo merece y que no os ocurra como a mí y os lo cataloguen como abuso, pues un no es un no y estando en las condiciones que sea seguirá siendo una violación.

Capítulo 2

Flores de lucha interna

Pensamiento

Para que podáis entender mi historia, me gustaría contaros cómo era la sociedad que yo viví en esa época. Para empezar, era una sociedad patriarcal. Es decir, el padre era quien «llevaba los pantalones» o así es como se decía. La mujer era como un complemento, ya que necesitaba al marido para todo, incluso para abrirse una cuenta en el banco. Recuerdo que a una vecina el marido siempre le pedía los tiques de la compra y le exigía la vuelta. Empezaron a darse a conocer varios grupos feministas y no se escuchaba con tanta frecuencia el término «maltrato», aunque sí que había, pero lo que pasaba era que muchas veces se contestaba diciendo: «Algo habrás hecho», «tienes que aguantar» o «no haberte casado». E incluso se llegaba a repudiar a la mujer si se separaba. Como veis, las diferencias entre hombres y mujeres se imponían hasta dentro de las familias, donde se otorgaban las tareas dependiendo de lo que fueses. A la hora de salir de fiesta o a tomar algo, la mujer tenía que llegar pronto a casa y además tenía que ir acompañada de un hombre. Claro está, la mujer tenía que tener una reputación impecable, ya que si eras algo más liberal muchos se intentaban aprovechar de ti y luego iban diciendo a la gente que «te habías tirado a todos» y que eras «una fresca». Entonces ya estabas marcada por todo el barrio. Pero esto a los hombres no les afectaba y muchas veces se casaban con aquellas a las cuales tachaban de estrechas y de las cuales no querían saber nada. El trabajo de la mujer siempre estaba en segundo plano, ya que el deber de la mujer era estar en casa.

Comenzando con mi historia, yo era una joven que ayudaba siempre en casa y que solo podía salir cuando había acontecimientos, como puede ser un cumpleaños, y tenía que ir acompañada. Tenía un buen grupo de amigos con los que salía y donde se encontraba el que hoy en día es mi marido, lo cual me resultó extraño, porque yo nunca pensé que llegaríamos a tener una relación de pareja. Pero todo cambió cuando me casé, a los veinticinco. La relación era buena (o por lo menos los primeros años de casados), pero esto cambió cuando nació nuestro primer hijo, ya que este, como cualquier niño, necesitaba atención y cuidados. Por ende, no podía dedicar tanto tiempo a la relación como antes. Y sí, digo podía porque era yo la que me encargaba del niño. Creo que por esto se puso celoso. Me amenazaba, me decía que ya no le quería por no prestarle atención y no querer tener relaciones con él cuando dijese. Se enfadaba por todo. Hasta me acuerdo de que nos teníamos que ir a vivir a otra comunidad y, por tanto, teníamos que hacer mudanza. Los de la mudanza llamaron para preguntar hora, pero yo no sabía nada. Estaba esperando a que mi marido llegase para poder aclarar la situación, pero resulta que cuando llegó, al decirle que habían llamado los de la mudanza y que al no estar él en casa no podía aclarar nada, me gritó: «Yo vuelvo a casa cuando me salga de los cojones». Ante esto yo empecé a llorar. Entonces saltó y me dijo: «Tú no te vienes conmigo, te quedas aquí». Lo peor es que no fue capaz de pedirme perdón. Solo me dijo al día siguiente: «¿Cómo no te vas a venir conmigo? Claro que te vienes conmigo».

Los primeros años de casados, como ya dije, fueron fantásticos. Sigo sin entender cómo una relación de amor y confianza acabó así, con amenazas sexuales para que no arruinara ningún acontecimiento. Porque, si no, se portaba fatal: no hablaba, siempre se apartaba, se iba a la cama cuando había gente en casa porque sabía que me avergonzaba y me molestaba. Por eso cedía a sus chantajes sexuales. Me llegó a violar. Me trataba con brusquedad, como si fuese un pañuelo. Me sentía mal conmigo misma, lloraba, me sentía sucia. A mi hijo le pegaba. Hasta llegó un día en el que, en medio de todos, le gritó: «Cabrón». Mi hijo lo ha pasado muy mal; sufrió palizas que no eran necesarias y muchas veces me he ido a dormir con mi hijo porque no veía normal lo que le estaba haciendo y me encaraba. En las comidas familiares siempre estaba de morros y se portaba así porque yo no quería acostarme con él. Muchas veces me llegó a forzar e incluso lloraba y me decía que era la forma que él tenía para «demostrarme su amor». Pasaron diez años hasta que fui capaz de plantarle cara y decirle que no. Esto lo que me hizo fue ver el sexo como algo asqueroso, obligado. Muchas veces me hacía la dormida para que no me tocase. Dejó de atender a nuestro hijo hasta el punto de que un día el niño se puso malo y me acuerdo perfectamente de lo que me dijo: «Deja al niño con tu madre y nos vamos a tomar algo». Al decirle que no podía hacer eso y que había que llevarlo al médico, cogió y se marchó. Así estuve durante mucho tiempo. Incluso cuando un día fuimos mi hijo y yo a buscarle se enfadó y no me habló durante mucho tiempo. Un día amenazó con marcharse, se hizo la maleta, fue a abrir la puerta y dijo: «¿Qué estoy haciendo?». Y se quedó. Durante un año se fue a trabajar a otro lugar solo. Cuando le dije de irnos a vivir todos se negaba, claro. Yo fui; no iba a mantener a la familia separada. Me quedé embarazada por segunda vez. Un día alguien llamó a casa. Mi hijo cogió el teléfono y le saltó un mensaje de voz de una amiga, la cual dijo: «No sé por qué es, pero estoy enamorada de ti». Al oír esto mi hijo lo primero que hizo fue avisarme, hubo una fuerte discusión pues él negaba todo.

Pasaron los años y cuando mi hijo tendría unos diecisiete tuvo una discusión muy fuerte, que acabó con mi hijo diciendo: «Papá, si lo necesito habrá que ponerlo». Y no se le ocurre otra cosa a mi marido que decir: «Tú te callas, que como te meta una hostia ya verás». Cuando llegamos a casa le advertí y fue a pedirle perdón a mi hijo, el cual por primera vez pudo decirle las cosas como eran y encararle, diciéndole que era la última vez que le volvía a poner en ridículo delante de toda la familia.

Siempre estaba de mala leche, dando la nota y pagándolo con la gente de nuestro entorno. Cuando nos enfadábamos e intentaba solucionarlo, siempre me apartaba con el codo y me decía: «Quita». Yo no podía concebir que un matrimonio se fuese a la cama enfadado porque en mi familia no eran así: siempre se perdonaban, eran muy apegados, se daban la mano, se abrazaban; se notaba que había amor. Cuando yo intentaba abrazarle en el sofá, siempre me decía: «¿Qué? ¿Estás cachonda?». Claro, yo le decía que no, que solo quería estar abrazada a él, a lo que me respondía: «¿Qué me estás pidiendo?». Desde ese momento no me volví a acercar a él y cuanto más le decía que no me volviese a decir eso más me lo decía. Parecía que le gustaba hacerme daño. No llegó a comprender qué era el amor.

Cuando mi hijo creció y mi marido se enteró de que era gay nos dejó de hablar durante una semana y me echó a mí la culpa de esto como si la homosexualidad fuese algo malo.

Pero la cosa fue empeorando. No era capaz de sentir un ápice de amor por sus hijos y por mi pues como dije antes nos dejó de hablar y no quería que mi hija saliese con nadie pues para el los chicos solo buscaba tener sexo, las infidelidades aumentaron hasta tal punto que no le importaba que cualquiera de nosotros le pudiese ver, esto hizo que mis hijos, sobre todo la pequeña empezase a tener un bajo rendimiento académico por toda la situación. Mi amor hacia él terminó y la relación acabo siendo de mutua convivencia.

Después de todos estos acontecimientos y del maltrato psicológico hacia mí y físico hacia mi hijo, decidí acabar con todo, decidí ser feliz. No os puedo decir que me haya divorciado, aún lo estoy pensando, pero no lo descarto como opción porque, señoras, tenemos que ser felices y seguir adelante, no dejar que un idiota nos arruine la vida. Y menos la de nuestros hijos.

Ciclamen

No sé ni por dónde empezar con mi historia. Cuando yo conocí a ese chico tendría unos diecisiete años. Acababa de salir de una relación y con él me sentía cómoda. Me apoyó y me ayudó, pero, como siempre, el lobo se disfraza de corderito.

Empezamos a salir y las cosas fueron de mal en peor. Comenzaba nuestra relación y él tenía que irse a vivir a otro lado, por lo que fue una relación a distancia, donde las faltas de respeto estaban por todos lados. Tonteaba con otras, tenía comportamientos extraños con otras, pero no le di importancia. Como en cualquier relación, lo hablamos y lo arreglamos, pero iba cada vez a más: les pedía fotos a otras sin sujetador con la excusa de «un juego»; me juzgaba si había tenido o no relaciones, pues él decía que quería que su pareja fuese virgen; me comparaba físicamente con otras y así una larga lista de comportamientos que dañaban mi autoestima. Decidí ir a verle y así hablar las cosas en persona. Al principio todo fue bien; me dijo de ir a comer a su casa con un amigo, pues era noviembre y hacía algo de frío. Sin ningún problema acepté. Nada más llegar pregunté dónde podía dejar el abrigo; él me acompañó a una habitación. Dejé el abrigo encima de la cama y me besó. Yo le seguí, pero cuando vi que quería llegar a más le dije que no, que no me sentía cómoda. En un principio siguió insistiendo hasta que de verdad me empecé a cansar y lo acepté. Pasamos el resto del día bien, me acompañaron a coger el bus que llegaba al aeropuerto y me fui de vuelta a casa. Una vez allí me escribió por WhatsApp y, en vez de preguntarme por el viaje, lo primero que hizo fue recriminarme que no me acostase con él. No sé si fue por venganza, pero llegó un día en el que me enteré de que tenía una relación con otra chavala, que vivía en Almería. Entré en cólera, pero siempre tenía la facilidad para convencerme de que todo era mentira, de que no tenía la culpa, y lograba que al final le perdonase a base de promesas de cambios inexistentes (cosa que repitió varias veces).

Uno de mis mayores sueños estaba a punto de cumplirse y lo compartí con él. Como era mi pareja, pensé que sería uno de mis mayores apoyos, pero me equivoqué, pues su primera reacción fue decirme: «Parece que quieres más a tu puto libro que a mí». Me quedé a cuadros escuchando cómo infravaloraba el sueño que tanto tiempo me costó cumplir. Ante esto, decidí aplazarlo.

Los días pasaban y yo cada vez me encontraba peor, con la autoestima baja por sus comparaciones y engaños, con ganas de llorar y sin confianza. La historia empeoró con la aparición de otra chica, que sería la que a día de hoy sigue presente. No quiero decir su nombre real, así que la llamaré Samantha, la cual era novia de uno de mis mejores amigos. Un día ella me enseñó conversaciones que tuvo con mi pareja, en las que él le decía de liarse, de si le gustaba, etc., haciendo un papel de «amiga» que le quedaba bastante grande, pues pasó el tiempo y, después de tener una pelea y dejarle, empezó a salir con ella. Tuve unos meses de paz. Por esas fechas se publicaba mi primer libro, el cual contaba de una forma poética toda mi historia con detalle hasta esta parte, pues este no fue el final.

Volvió a buscarme con promesas, manipulación y sufrimiento. Jugó conmigo al típico «ahora sí, ahora no», pues vio que con alguien que era igual de malo que él sufría, y a día de hoy sigue sin tener un ápice de empatía. Como una tonta volví y fue la peor decisión de mi vida. Lo volvió a hacer, volvió a romperme. Seguía hablando con Samantha, la seguía «queriendo». Caí en una dependencia emocional, me escapaba de casa días enteros para ir a verle con una sonrisa, que se desvanecía cada vez que llegaba a casa y tenía tiempo para, en silencio, recordar todo. Además, la situación en casa tampoco ayudaba. Mi rutina era ir a clase y llegar a casa para llorar y, llena de ira, no poder ni mirarme en el espejo. Los días pasaron y cada vez estaba peor; todos lo notaban, hasta mis amigas, que me veían llorar en medio de clase. En verdad ellas, sobre todo Alba, fueron mi apoyo en todo esto.

En febrero decidí hacer un viaje para verle, pues me enteré de que su ex le quería denunciar. Fui su apoyo para que siguiese y fue la primera vez que en sus ojos vi algo de vulnerabilidad.

Llegó Semana Santa y fui a verle con mis padres. El primer día estuvimos bien hasta que fuimos a tomar algo con su hermana y un amigo de ella. Ahí me enteré de que hablaba con otra chica, a la cual llamaré Marta, con la que, según él, no volvería a hablar, pues para ella fui un parche, o así me definió. Además de que le gustaba él. Empecé a ver que en realidad lo único importante para él era él mismo. Al día siguiente hablamos para cenar con mis padres, así que por la mañana quedamos para que se comprase algo de ropa y para comer. Fue una mañana bastante buena hasta que llegó la hora de comer. Le pedí el móvil para ver la hora y vi como le llegó un mensaje de Samantha. Intenté tranquilizarme; abrí el mensaje y todo eran conversaciones donde se decían que en el viaje de fin de curso se iban a ver, que iban a follar, que se amaban, etc. Me quedé helada, aunque en el fondo ya lo sabía. No lloré; simplemente le arroje el móvil sobre la mesa, pagué la cuenta y me fui. Él me siguió, diciendo que tenía una explicación. Yo solo quería gritar. Me llevó a su casa y ahí borró todo para hacerme creer que estaba perdiendo la cabeza, pero no soy tonta y recuperé las conversaciones. Como no sabía qué hacer, se me echó encima. Le intenté quitar y le decía que no, que me dejase. Al final, con el esfuerzo por zafarme, me golpeé y él por el susto se quitó. Empecé a tener un ataque de ansiedad. Le pedí con desesperación que se fuese, pero cada vez se acercaba más a mí. Solo pude empujarle. Me caí al suelo y él levantó la mano. Se contuvo y se fue; cerró la puerta de la casa con llave, dejó un vaso de agua en la mesilla y se marchó mientras yo, tumbada en el suelo intentando respirar, intentando moverme, solo pude llamar a Alba. Le conté lo sucedido y entró él a contar su versión entre mentiras. Al final le dije que me dejase en paz, que no quería nada más con él. Me intenté ir y fue cuando verifiqué que me cerró la puerta para que no pudiera salir. Regresé a la habitación a recoger mis cosas y marcharme, pero cuando me giré le vi ahí plantado, con los ojos desesperados y agarrando un cuchillo. En ese momento pensé: «Hasta aquí llegó mi vida». Intenté salvarla como pude, intenté tranquilizarle. Le dije que por favor dejase el cuchillo, que todo iba a salir bien. Él se acercó, levantó el cuchillo y se cortó en las muñecas. Le dije que parase, rápido se lo quité y le curé las heridas. Me miró y me dijo que era lo mejor que le había pasado, pero eso ya me lo conocía. Me centré en curárselas y prepararnos para la cena. Después de la cena, que fue un tanto incómoda, me acompañó a la puerta de mi habitación. Me preguntó si todo había acabado y le dije que sí. Él simplemente se fue.

Estaba realmente destrozada, sin sonrisa, sin color, solo con ganas de llorar. Me daba igual todo, apenas comía y, sobre todo, tenía miedo. La gente cercana se daba cuenta y me intentaba ayudar, pero sin éxito. Tomaron la decisión de separarme de él y le dijeron que me dejase tranquila, que estaba realmente mal.

Llegó su viaje de fin de curso y consiguió hablarme para pedirme volver entre pasotismo y con pensamiento de superioridad, pues estaba con sus amigos y, claro, no podía mostrarse con interés. Me convenció (como ya dije, tiene una enorme capacidad de convicción) y le dije que sí. Estaba totalmente destruida, solo me dejaba llevar. No era consciente de nada y no me concentraba.

Ese fin de semana, tras volver de comer con mi amiga, decidí llamar a un amigo en común de ambos, al cual a día de hoy le doy las gracias por su ayuda. Le pregunté sobre mi pareja y me dijo que estaba de lío con una chavala del viaje. Ya no podía más, estaba cansada de todo: de falsas esperanzas, de manipulaciones, de desprecios. Llamé a mi amiga entre lloros para contarle lo sucedido. Ella vino corriendo a casa y, mientras, decidí llamarle. Nada más contestarme, le dije: «¿Qué coño haces?». Su respuesta fue decir: «Paso» y colgar. Estaba en un punto de estrés que no podía soportar. Mientras esperaba la llegada de mi amiga, me llamó el amigo de la hermana de mi pareja, al cual mencioné antes, para contarme que en un directo había aparecido él con una chica de la mano. Le conté lo que me dijeron. Una vez terminamos de hablar me colgó y llegó mi amiga. La recibí con los ojos rojos y llorando. Me abrazó, le conté lo sucedido con detalle y ella solo pudo abrazarme y decirme que tenía que salir de eso ya, que me estaba consumiendo y no podía seguir sufriendo.

Con ella al lado le llamé; lo cogió y empezó a poner excusas y a decir que todo era mentira, que era culpa mía por creer lo que los demás decían. Entonces mi amiga, al ver que lo que hacía era coaccionarme, le paró y le dijo: «Si tan mentira es, vete con esa chavala sin colgarnos, dile que si estáis de lío y le cuentas lo que ha pasado». Empezó a ponernos excusas y me colgó.

Pasó la tarde. Mi amiga regresó a su casa y por la noche me llamó el amigo de su hermana, el cual me dijo que mi novio iba a pegar al que me contó lo del lío y que había llamado a sus padres para decirles que estaba loca y que les iba a contar una mentira, en la cual me había puesto los cuernos para joderle. Lo primero que hice tras colgar fue llamar a mi amigo para ver si estaba bien, pero me lo cogió mi pareja. Me dijo de todo y luego me pasó con él. Parecía que estaba bien. Me dijo que no me preocupase, que me iba a apoyar y que estuviese tranquila.

Sería como la una de la mañana y me volvió a llamar para decirme de todo y que no quería tener una relación conmigo porque era una metemierda, manipuladora, etc., pero que no quería perder el contacto conmigo porque «me quería». Empezó, con sus habituales dotes de convicción, a decir que él pensaba que no estábamos juntos, etc. Excusas varias. Lo dejamos, pero seguimos teniendo algo de contacto. Volvió detrás de mí para pedirme volver. Yo le decía que no y cuando le dije que sí ahí estaba: volvió a hablar con Samantha. Le dije: «Me respetas más cuando no estamos juntos que cuando sí». A partir de ahí no volvimos a estar juntos. Di uno de los mayores pasos hacia delante y le dejé atrás. Teníamos algo de contacto, pero con el tiempo se fue disipando.

En ese periodo perdí a personas que creía amigas, que al final hasta se alegraban de todo lo mal que lo pasé. Amigas que lo único que hacían era meterse para ligar con el que hoy es mi ex, amigos que a pesar de estarlo pasando mal se fueron porque no querían problemas. Solo me queda dar las gracias a los que siempre estuvieron apoyándome. Se fue una relación que, a pesar de todo, me dejó una lección y es que nunca conoces a alguien del todo; por eso hay que estar muy pendiente, madurar, aprender y crecer. A pesar de todo, jamás dejaré de creer en el amor. No volveré a dejar que me traten así y ayudaré a quien esté pasando por algo parecido.

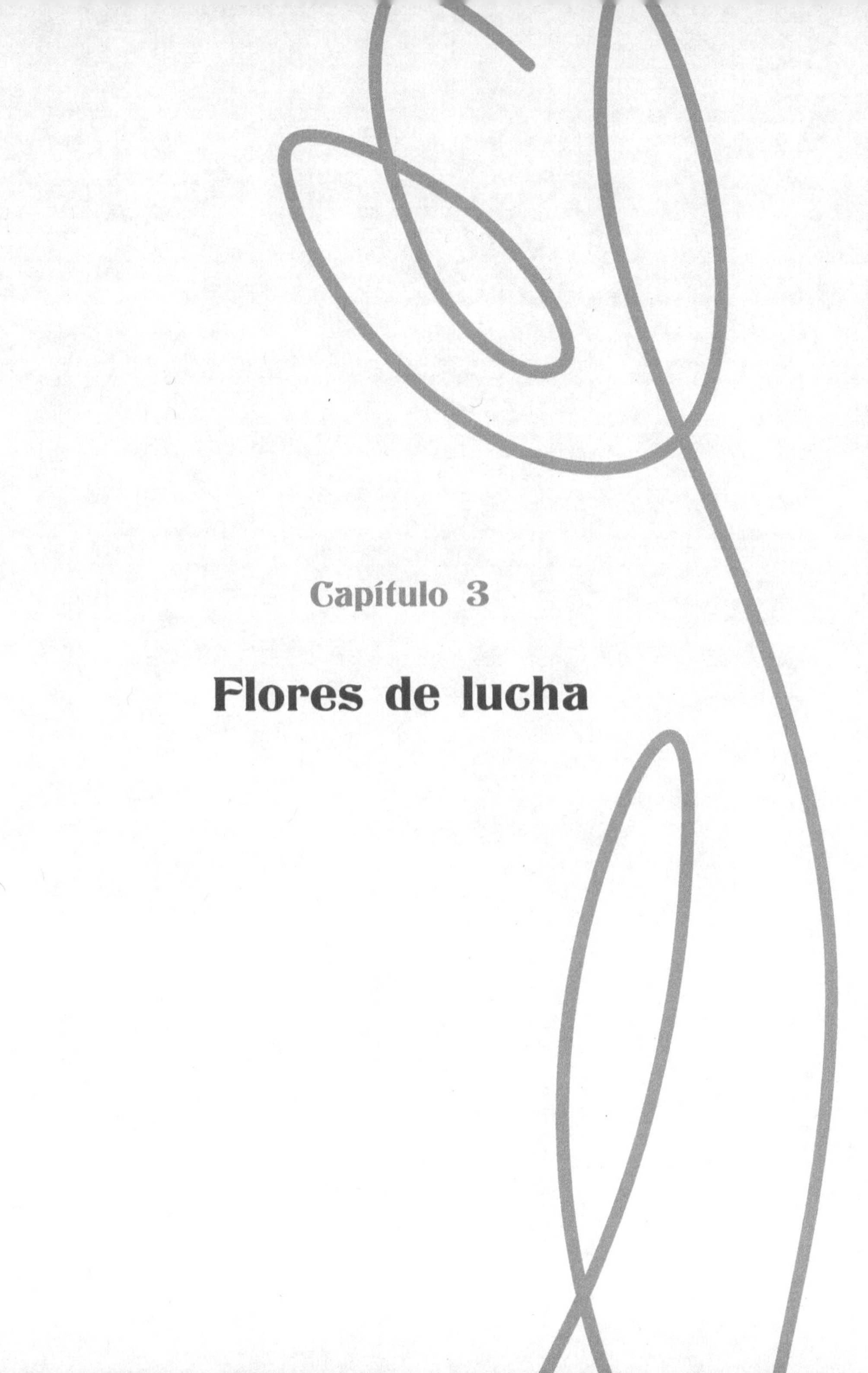

Flores de lucha

Orquídea

Con veinte años sufrí maltrato por parte de mi marido. Recuerdo como mi padre también maltrató a mi madre, por lo que todos esos recuerdos tan dolorosos y desconcertantes volvieron a mi vida.

En cierto modo, estaba saliendo con él porque la economía de mi familia era muy baja y necesitábamos ayuda. La primera vez que sufrí violencia por su parte fue cuando me violó. Ni si quiera estábamos casados; solo salíamos juntos. Me dijo que solo así le demostraría lo mucho que le quería y yo, al decirle que no, le enfurecí. Se echó encima de mí y por mucha resistencia que puse no pude zafarme. Cuando se lo contaba a la gente solo me decían que era mi culpa por no concedérselo y que me lo había buscado.

Una de las escenas que más recuerdo fue cuando salí con mis amigas sin decirle nada a tomar una café. Él se enfureció y vino a buscarme, cogiéndome del pelo e insultándome con apelativos como puta o guarra. Después de eso todo empeoró. Me golpeaba siempre que venía enfadado, me infravaloraba y me consumió como persona. Reconozco que le soportaba por miedo a que pusiese a mis hijos en mi contra y pudiese llegar a quitarme la vida. Durante muchos años le seguía la corriente e intentaba no enfadarle más, pero esto acabó cuando los golpes y los abusos se trasladaron a nuestros hijos. Decidí pedirle el divorcio, pero él reaccionó mal: cogió un cuchillo e intentó matarme. Me sentí paralizada ante esta situación, pero tenía que hacer algo, tenía que salvar a mis hijos. Me amenazó diciéndome que vendría a por mí sí me iba, que mataría a los niños si hacía falta.

En un descuido mandé a mis hijos lejos de esa casa. No quería que les hiciese daño. Mi plan era reunirme con ellos pasado un tiempo, cuando supiera que estaban a salvo. Hui lo más lejos que pude para estar alejada de él y sin delatar el lugar donde estaban mis hijos. Me deshice de mi móvil y de todo aquello que pudiese darle señales de dónde podían estar.

Denuncié ante la policía y me dieron protección hasta dar con el que era en aquel entonces mi esposo. No encontraron rastro de él. Me temía que estuviese con mis hijos o les hubiese hecho daño, así que lo primero que hice fue llamarlos para comprobar que todo estaba bien. Pasaron unos meses y todo parecía estar en calma. Decidí ir con mis hijos y empezar una vida nueva. Conocí a un hombre fantástico, con el cual decidí casarme a mis 43 años. Éramos muy felices, pero un día, de regreso de mi trabajo, empecé a notar cosas extrañas, como si alguien me persiguiera. No le di importancia. Pasaron los días y esa sensación seguía ahí, permanente. Decidí contárselo a mi pareja de aquel entonces y nos dirigimos a la comisaría a denunciar. Ellos decidieron mantener esta situación vigilada debido a la violencia de mi anterior marido.

Pero un día todo llegó a su final. Regresando a mi coche encontré notas de amenaza. Recuerdo perfectamente una que decía: «Mataré primero a tu esposo, luego a los niños y te haré mirar». En ese momento sentía el miedo recorrer mis venas, el pánico apoderándose de mi ser y un nudo en la garganta que me impedía vocalizar. Solo podía pensar: «Ha vuelto».

Gracias a Dios un compañero del trabajo me vio y me llevó a casa. Estaba en *shock*, no podía vocalizar ni mostrar ningún tipo de expresión más que terror. Una vez llegué a casa solo pude abrazar a mi marido y llorar. No sabía qué estaba pasando. Le intenté explicar lo sucedido como pude y vi el terror en sus ojos. Recuerdo quedarme dormida. No sé qué pasó; me desperté y me vi tendida en la cama como si hubiese sido una pesadilla. Ese día me quedé sola en casa. Mi marido se fue a trabajar y mis hijos, al colegio, menos la pequeña, que estaba enferma y estuve cuidándola. Decidimos ir en cuanto llegara mi marido a comisaría, pero lo único que recuerdo fue que alguien abría la puerta lentamente. El miedo se volvió a apoderar de mí cuando vi esos ojos de ira mirándome y esa sonrisa psicópata dirigida a mí. No podía moverme. Vi cómo lentamente se acercaba con aquel cuchillo, me abrazaba y me atravesaba el pecho con él. Sentí cada puñalada atravesarme y las últimas palabras que pude escuchar fueron: «Esto te pasa por abandonarme, ya te lo advertí».

Recuerdo los gritos de mi hija y la impotencia de no poder hacer nada. Como si estuviese en un sueño, unos sonidos de sirenas se apoderaron de todo mi ser. Me temía lo peor. Sentí cómo me levantaban y cómo gritaban: «Buscad a la niña». Después de eso dejé de enterarme de lo que estaba pasando. Tras unos días me desperté; estaba en el hospital, tendida en la camilla y sin poder moverme. Sentía dolores por todo mi cuerpo y me acordé de que a mi hija le podría haber pasado algo. Estaba agobiada, en pánico, y solo pude recordar la carta de amenaza donde ese psicópata decía que quería matar a mis hijos. De repente entró mi marido a la habitación y solo pude preguntarle por la niña. Él me dijo que estaba bien, pero notaba que me estaba mintiendo. Sabía que a mi hija le había pasado algo y quería saber el qué. Me ayudó a incorporarme; acto seguido entró un médico y me intentó explicar con calma lo que había pasado. Lo primero que me dijo fue que tenía heridas muy profundas y que me había salvado de milagro, ya que las heridas podrían haber sido mortales. Al preguntarle por mi hija, él solo me dijo que estaba grave y necesitaba descansar. Al escuchar esto sentí cómo mi alma salía de mi cuerpo y no pude dejar de llorar y echarme la culpa por lo que había pasado, de recriminarme que mi hija estaba así por mi culpa.

Pasaron unas semanas y me dieron el alta, mientras que mi hija seguía interna por la gravedad de las heridas. Mi marido me explicó que la niña había sufrido varios golpes en la cabeza y varias puñaladas en el abdomen. Esperamos a que nos dijesen algo sobre su estado durante horas. Al fin un médico se acercó a nosotros y nos explicó que la niña estaba mejor y que en cuestión de días podría volver otra vez al hogar. Durante ese periodo de espera aprovechamos para ir a juicio y meter a ese «ser» entre rejas por todo lo que había pasado. Lo logramos y se le impuso una condena bastante severa para lo que está aquí regulado.

Después de que mi hija saliese del hospital y volviésemos a ser una familia unida otra vez, aprendí que nunca dejaré que nadie haga daño a mi familia y por primera vez pude decir que ahora sí que estaba viviendo de verdad.

No me olvides

En verdad, no sé cómo empezar esta historia. Soy una de tantas mujeres maltratadas por sus parejas.

Mi historia comenzó cuando tenía nueve años y le conocí. Éramos críos y simplemente amigos, pero no fue hasta los once cuando comencé a sentir las típicas mariposas por él. Al principio todo iba bien; pasaron los años y nos queríamos, pero ese amor pronto se apagó, cuando a los dieciséis por primera vez me puso la mano encima en mi portal. La vecina se enteró de aquello y se lo contó a mi madre, la cual, preocupada, vino a ver cómo estaba. Tenía miedo y estaba demasiado cegada por amor, por lo que lo único que hice fue mentirle, decirle que tuve un accidente. Mi madre decidió separarme de él y mandarme a Palencia a vivir con mi abuela, pero él siempre me buscaba. Tras unos años volví a mi hogar y puedo decir con certeza que mi verdadero infierno comenzó cuando me quedé embarazada. No fue algo que yo quisiera, pero mi marido en ese entonces me obligó como venganza. Una venganza que no tenía sentido contra mi familia.

Tras mucho pensar y analizar la situación, decidí contárselo a mis padres. Ellos podían hacerse cargo de otra criatura, así que decidieron que era mejor para mí que no me casase con él. Yo no quería, pero en cierto modo me sentía obligada. Apenas tenía dieciocho, no había acabado ni mis estudios (porque él no me dejó). Al contarle esto a mi novio en aquel entonces, me dijo estas palabras, que se me quedarían grabadas: «No te voy a dejar tirada, pero ten una cosa clara, que cuando fuésemos a casarnos el sí no te lo daré a ti, sino a otra mujer, de la cual estoy enamorado». Me quedé de piedra; no sabía qué responder. La mañana de la boda me confirmó que iban a venir sus amigos y su amante. Entré en pánico y le dije que no me hiciese eso en mi propia boda. Él me advirtió de nuevo que cuando me pusiese el anillo ese sí no iba para mí, sino para la otra porque se lo merecía más y que yo no era nada. Al final ella no apareció. Pasó la boda y nos dirigimos al hotel a descansar, pero él se echó a llorar. Decía que echaba de menos a aquella mujer y que quería estar con ella. Me echó de la habitación y me obligó a dormir en el sofá. Decía que le daba asco, que ojalá me muriese y que no quería ni verme.

Ahí empezó mi infierno. Estuvimos una semana bien por la visita a Palencia de mi familia, pero a la vuelta decidimos irnos a vivir a un pueblo de Guadalajara, donde hizo la mili y le dieron trabajo. El primer día que estuvimos viviendo en el pueblo él tuvo servicio por la noche. A la mañana siguiente, cuando llegó, decidí prepararle el desayuno y luego irnos juntos a dormir, pero esto no fue así. Cuando me dirigía a la habitación, él me agarró del pelo y me dijo: «¿A dónde ibas? Tú conmigo no vas a dormir».

Comenzó a pegarme por todo, cuando no tenía la comida en la mesa o cuando no le preparaba el uniforme. Siempre me gritaba que era una inútil, que no valía para nada, y todo esto me lo decía mientras me golpeaba. Empezó a violarme y luego, a echarme de la cama con una patada en la espalda o un empujón.

Decía que esto lo hacía para desahogarse, que le daba asco y que no valía ni para tener sexo.

Me engañaba diciéndome que tenía que salir de servicio y se iba con su amante. Así estuve todo un año entero, con engaños y palizas. Cuando terminó su estancia allí nos tuvimos que mudar con su familia. Pensaba que allí me querrían y me tratarían con respeto, pero me equivoqué. Me trataban como un perro o incluso peor que eso. Estaba secuestrada, no me dejaban salir, no podía ir a ver a mi familia ni a los vecinos.

Un día mi suegra me dijo que fuese a ver a mi familia, que ella no le diría nada a mi marido. Yo, por miedo, le dije que no, que no quería ir, pero me engañó y me convenció para que fuese a ver a mi madre. En este tiempo tan corto mi suegra le dijo a mi marido que me había escapado a ver a mi madre. Como un energúmeno entró, me llevó a casa, encerró a mi hija en una habitación y comenzó a golpearme y a insultarme. Intenté decirle que había sido su madre la que me dio el permiso para ir, pero ella, traicionera, dijo que mentía. En esa casa todos los días había palizas, hasta tal punto que un día mi suegra le dijo: «Pégale hasta matarla».

Después de ese día mi condena fue peor. Él comenzó a trabajar con su padre. Yo dormía en el salón. Cuando venía de trabajar, a las cinco y media de la mañana, me tenía que levantar a hacer el desayuno y quedarme despierta a partir de esa hora. Un día no lo hice y mi suegra no hizo otra cosa que decírselo a mi marido, el cual me pegó una paliza y me advirtió que no lo volviese a hacer.

Hay un día que no se me olvidará nunca. Fue un domingo. Íbamos a comer por el cumpleaños de mi suegra y decidimos bajar a tomar algo en un bar de ahí cerca, pero empezamos a oír gritos que procedían de la casa de mi madre. Corrí para llegar a ver el escándalo y parece ser que habían pegado a mi cuñada y pensaban que era yo. Cuando llegué y presencié la escena, lo único que vi fueron golpes entre la familia de mi marido y la mía, hasta tal punto que mi marido golpeó a mi padre y lo tiró por las escaleras. Mi primera reacción fue golpearle en el cuello y gritarle que dejase en paz a mi padre. Me agarró del cuello y me llevó a casa. Me zafé y me dirigí a por mi hija, pero ellos me agarraron, me encerraron en una habitación y se llevaron a mi hija. Quería escapar, no paraba de llorar, estaba confusa y dolida. Intenté escapar para ir a la policía a denunciar, pero no podía salir y estuve encerrada durante dos días. Solo podía salir a comer y a atender a mi hija.

Al final nos fuimos a vivir solos a un piso, pero la cosa seguía igual. Sus buenas noches eran una paliza y sus buenos días, otra.

Si venía de trabajar y me veía dormida cogía un cinturón, me pegaba con él y me tiraba de la cama. Todo lo hacía mal. Me tiraba la comida al suelo y me decía que si quería comer que comiese de ahí. No le gustaba que estuviese con él ni con mis hijos y me encerraba en la cocina hasta que terminasen. Cuando venían sus padres a mi casa decían que venían a ver a sus nietos y a él, que yo les causaba asco y por ello me encerraban en la cocina para no verme. No me dejaban cenar ni comer y tenía que recoger todo yo.

Durante esta relación me separé dos veces, pero me obligaba a volver mediante amenazas hacia mi familia. Estaba dos días bien conmigo y luego volvían las agresiones y las palizas y cada vez eran más fuertes. Empezó a engañarme con otras mujeres delante de mí y luego conmigo se desahogaba. Hasta que conoció a una mujer en un club; era prostituta y la dejó embarazada. Esto me lo dijo un día, por la mañana exactamente. Dijo: «¿Ves a esa mujer de ahí? Eso sí es una mujer, no como tú». Llena de rabia, le respondí: «¿Porque se abra de piernas para todos los hombres es más mujer que yo?». Él me propinó una paliza y me dijo que por lo menos ella sí valía para algo. Así estuvo muchos días, engañándome con otras y propinándome palizas.

En la segunda separación decidí mudarme con mi hermana, quien me arropó y me dio todo su amor y confianza. Decidimos visitar un centro de ayuda, pero al ver que nunca llegué a estar ingresada por malos tratos no me ofrecieron ayuda. Parece ser que tienes que estar muerta o al borde de la muerte para que te ofrezcan ayuda. Fue una tremenda vergüenza.

Fui una mujer maltratada durante trece años y a pesar de pedir el divorcio él me seguía persiguiendo y amenazando, diciéndome que seguramente a la vuelta de la esquina me encontrase con alguien que me mataría, que fuese preparando mi tumba y que me iba a quitar de en medio antes o después.

La gente me preguntaba (y a día de hoy me sigue preguntando) el porqué de que aguantase tanto: humillaciones, golpes, engaños… Yo solo podía contestar que por miedo de lo que le pudiese ocurrir a mi familia. Llegué hasta el punto de suplicarle que me matase, que no quería vivir, pero el solo se reía. Lo único que me mantenía con vida eran mis tres hijos, a los cuales también maltrató psicológicamente al hacerles presenciar las palizas.

Doy gracias a Dios de que mis hijos, a pesar de todo lo vivido, han crecido con buenos valores. Me siento muy orgullosa de ellos. A pesar de haberles criado y haberles sacado adelante sola.

Para terminar, quiero decirles a todas las personas que están dentro de una relación que se basa en el maltrato y las humillaciones que denuncien, que no tengan miedo y, sobre todo, que nunca se infravaloren, porque todo aquel que comete una agresión no es una persona, sino un despojo. Ahora soy una mujer feliz y libre con unos hijos maravillosos y una historia que contar para ayudar y concienciar.

Se puede perdonar, pero no olvidar. Y en algunos casos ni perdonar.

Epílogo

Mi madre siempre dice que quien te quiere no te daña. Cuánta razón tiene. Ella, que es un simple huracán de emociones, capaz de acabar con todas ellas cuando le hacen algo a ella o a quien más quiere, también me decía que llegamos a este mundo y que la gente cada vez te hace más fuerte con cada golpe que te da, pero que al final todo esto te servía para poder crecer.

La verdad es que muchas veces, en cuestiones del amor, nos cegamos demasiado, hasta tal punto que la razón se pierde y solo somos capaces de ver un «quizá cambien», «en verdad me quiere aunque me dañe», «es que viene de una familia complicada, es normal»… Creemos que somos sus heroínas y que les vamos a salvar de la situación, que es como una película y que vamos a salvar a nuestro príncipe. O simplemente nos sentimos tan pequeñas y desamparadas por sus amenazas, manipulaciones y golpes que somos incapaces de ver luz al final del camino y pensamos que somos suyas en vez de nuestras.

Hoy en día no es nada fácil vivir e incluso llegamos a un punto que en vez de vivir sobrevivimos, pero mejor estar preparado para ello que dejar que te arrastre. Estas mujeres son pequeños fragmentos de lo que vivimos y (ojalá) de lo que no viviremos. Me encantaría poner un final bonito a cada una de ellas y decir que todo les fue bien, que la historia es bonita al final; pero, aunque la gran mayoría ha tenido un final feliz, alguna está todavía en proceso de salir airosa, pero con mucha fuerza y mucho apoyo. Hay que dejar claro que hay historias que no tienen un final feliz y, por desgracia, aparecen en los medios todos los días.

Es un «hasta aquí» de aquellas mujeres que son acosadas sexualmente todos los días, de las mujeres que tienen que soportar cómo las violan día tras día, de las mujeres que tienen que verse psicológicamente dañadas y sin ganas de seguir, de las mujeres maltratadas y abusadas. Es una ayuda a todas las que tienen miedo, un grito de sororidad y de ayuda, un «no estás sola».

Este libro es por todas aquellas mujeres que están pasando por situaciones similares, para concienciar y para que sepan que en este pequeño jardín todas las flores pueden teñirse de violeta.

Deciros simplemente gracias por seguir luchando, que siempre vais a tener una mano que agarrar, que muchas os comprendemos y que si muchas han salido vosotras también podéis.

Agradecimientos

Para empezar quiero dar las gracias a todas aquellas mujeres que han decidido participar en este pequeño proyecto contando historias de maltrato, acoso y violación. Sois chicas muy fuertes y un gran ejemplo de lucha y valentía.

En segundo lugar dar las gracias a mis compañeras Alba y Andrea por todo el apoyo que me han ofrecido y por ser testigos de todo el esfuerzo que hay detrás de cada palabra.

No me olvido de mi profesora de Lengua y Literatura de bachiller, quien me animó y me apoyó para seguir adelante con este proyecto y enseñarme a amar cada día más la literatura.

Gracias al equipo por darme pista libre para publicar mi segundo trabajo y a todos los que me habéis apoyado en esta ardua tarea, donde no solo he empatizado, sino que también he crecido y he visto hasta el punto al que muchas personas pueden llegar con sus malas actuaciones.

Muchas gracias a ti también, lector, pues te agradezco tu lectura y que, al igual que yo, te hayas podido sumergir en estos pequeños relatos y observar la fuerza de estas mujeres y el punto de odio de aquellos que causaron tanto dolor.

Nacida en Madrid en el año 2000, Sonia Salio ha vivido desde pequeña situaciones que han hecho que desde los diez años escribiese sobre todo lo que veía y sentía hasta el día de hoy, que ha decidido escribir sobre aquello que le parece que no es justo y dar voz a quienes se la han apagado.